Texto e ilustraciones de Blanca Millán

© SUSAETA EDICIONES S.A.
C/ Campezo, 13 - 28022 Madrid
Tel.: 91 3009100
general@susaeta.com
www.susaeta.com

ÍNDICE

¿QUIÉNES SON ESOS VIKINGOS?

Si cierras los ojos y piensas en los vikingos, seguro que te vienen a la mente esos hombres enormes y barbudos, vestidos con pieles y grandes cascos con cuernos. Es muy posible que también carguen un gran escudo, ¿verdad?

Aunque muchos guerreros vikingos se vestían así, a excepción de los cuernos, para explorar el mundo y, de paso, llevarse algún que otro botín, la historia de los vikingos va mucho más allá.

Llamamos vikingos a aquellos guerreros que surgieron en los pueblos nórdicos, lo que hoy en día conocemos como Noruega, Suecia y Dinamarca, en el siglo VIII, y que recorrieron el mundo hasta mediados del siglo XI.

Su afán de conquistar nuevos territorios y hacerse muy ricos los llevó a surcar los mares en sus increíbles barcos, saqueando y atemorizando a reinos enteros.

Los vikingos fueron el gran terror de los mares.

EL ESPÍRITU VIKINGO

Los vikingos eran grandes navegantes y aventureros. Ese espíritu emprendedor los llevó a recorrer las costas e imperios europeos, e incluso a llegar a América quinientos años antes que Cristóbal Colón.

¿Quieres saber qué llevó a algunos habitantes de los pueblos nórdicos a embarcarse en esta gran aventura vikinga?

¡Vamos a descubrirlo!

¡Quiero mi herencia!

En la cultura nórdica solo el hermano mayor heredaba las posesiones de los progenitores. Esta falta de bienes llevó a muchos hermanos menores a embarcarse en la gran aventura vikinga con el **deseo de encontrar riquezas.**

¡Voy a ser muy famoso!

El deseo de **reconocimiento y grandeza** llevó a muchos jóvenes nórdicos a surcar los mares en busca de grandes hazañas que poder contar a su regreso.

¡A la conquista!

Muchos nórdicos ansiaban **conquistar y dominar nuevos territorios** con el afán de controlar las rutas comerciales y, de paso, quedarse con las riquezas de sus habitantes.

UN POCO DE HISTORIA VIKINGA

El origen de los vikingos se remonta a más de mil años atrás en Escandinavia, en lo que hoy conocemos como Noruega, Suecia y Dinamarca.

Aunque hoy en día la palabra *vikingo* nos hace pensar en un guerrero cruel y sanguinario, en su origen se empleaba para designar a los **exploradores del mar.**

Su afán de recorrer el mundo y conquistar nuevas tierras convirtió a los vikingos en uno de los grandes pueblos protagonistas de la historia de Europa.

¡Vamos a conocer su paso por el continente!

Irlanda

Los vikingos llegaron a la isla de Irlanda en diferentes expediciones. Las primeras fueron de pequeña envergadura, realizando asaltos aquí y allá, pero con los años arribaron otras más grandes que consiguieron asentarse en el territorio, **fundando ciudades** como la de Dublín.

Allí los vikingos fueron aceptados por los nativos de Irlanda, con los que convivieron durante años.

La península ibérica

A mediados del siglo IX, los vikingos comenzaron a asaltar y saquear numerosos pueblos de la Península, sobre todo en las zonas de Galicia, Asturias, Andalucía y la costa portuguesa, a donde era más fácil llegar en barco. En alguna ocasión incluso **llegaron a asentarse** temporalmente en territorio peninsular, como ocurrió cerca de Santiago de Compostela.

Océano Atlántico

Mar Cantábrico

Irlanda

Inglaterra

Francia

Península ibérica

Océano Glacial Ártico

Inglaterra

La primera incursión vikinga en Europa fue el saqueo al monasterio de Lindisfarne, tras el cual vinieron muchos otros, cada vez con ejércitos más grandes y mejor organización. Tal fue su poder en Inglaterra que llegaron a dominarla, asentándose en diferentes emplazamientos y obligándolos a pagar un tributo al que llamaron **Danegeld,** «el oro danés».

Suecia

Noruega

Mar Báltico

Mar del Norte

Dinamarca

Rusia

Tres hermanos vikingos llegaron a Rusia y se asentaron cada uno en una ciudad de la zona occidental, fundando la dinastía Rúrika. Oleg de Nóvgorod consiguió expandir sus dominios hasta Kiev y fundó la **Rus de Kiev,** un punto estratégico en las rutas comerciales del momento.

Rusia

Francia

Llegaron a Francia por la zona del Canal de la Mancha, y desde allí se asentaron en una isla próxima al río Loira, que usaron como punto estratégico de sus múltiples ataques. Ríos como el Loira o el Sena fueron su vía de acceso a las ciudades francesas y tal fue su éxito que **consiguieron un gran botín** a cambio de abandonar sus territorios. Además, Rollón el Caminante consiguió ser nombrado duque de Normandía.

¡Todo un logro para este ambicioso vikingo!

¿Sabías que...?

Entre los siglos X y XIV existió una unidad de élite del Imperio romano de Oriente llamada **Guardia varega,** formada por vikingos procedentes de la Rus de Kiev.

Este cuerpo, compuesto por unos 6000 hombres, tenía la misión de proteger a los bizantinos de posibles invasores y, por supuesto, haciendo uso de sus cualidades guerreras, conquistar para ellos nuevos territorios. También formaban parte de la guardia personal del emperador.

Los guerreros de la Guardia varega fueron los mejor pagados de todo el ejército bizantino.

¡Los vikingos eran imparables cuando se trataba de conquistar!

LA MITOLOGÍA NÓRDICA

Los vikingos tenían sus propias creencias, basadas en un conjunto de historias transmitidas de generación en generación a través de cuentos, poemas e incluso canciones.

Estos relatos narraban el **origen del mundo** e incluso su destino final, y también se ocupaban de la existencia de seres fantásticos, como es el caso de los gigantes y troles.

Las historias no solo servían como entretenimiento, sino que les inspiraban para ser honestos, valientes, perseverantes y, sobre todo, grandes guerreros como los protagonistas de los mitos.

El origen de todo

Al principio solo existían dos mundos: **Muspelheim,** el reino del fuego, y **Niflheim,** el reino del hielo y la niebla. Antes de la creación del universo, había un abismo, un vacío llamado **Ginnungagap.**

De la unión del fuego y el hielo nació en el vacío un vapor que dio forma al primer gigante, llamado **Ymir,** y a una vaca de nombre **Audumla,** que lo alimentó con su leche. Del cuerpo de Ymir nacieron los **primeros gigantes.**

A su vez, la vaca fue lamiendo el hielo que los rodeaba, dando lugar a **Borr,** el primer hombre. Borr se enamoró de **Bestla,** una de las gigantes, y de su unión nacieron **Odín** y sus hermanos, los primeros dioses.

Vamos a aprender un poco más sobre las creencias de los vikingos.

La creación del mundo

Odín era un dios valiente y fuerte, pero también muy curioso. Fue esa curiosidad la que lo llevó a convencer a sus dos hermanos, Vé y Vili, para **matar a Ymir** y así descubrir todo el conocimiento que encerraba en su interior.

Tras darle muerte, decidieron arrojar el cadáver al Ginnungagap, el vacío. Al arrojar la carne se **formó la tierra.** Luego la sangre dio lugar al mar, los huesos a las montañas y los cabellos a los árboles. Así, con cada parte de Ymir se fue formando toda la Tierra.

EL ÁRBOL DE LA VIDA

Los vikingos creían que el universo estaba formado por nueve mundos conectados por un único árbol llamado **Yggdrasil,** el árbol de la vida.

Estos mundos estaban habitados por todo tipo de seres mágicos, algunos puros y luminosos y otros muy oscuros.

Alfheim
Mundo de los elfos de la luz.

Asgard
Mundo de los dioses. En su corazón se halla el Valhalla.

Vanaheim
Mundo de los vanes, dioses de la naturaleza.

Iötunheim
Mundo de los gigantes de hielo y los gigantes de piedra.

Midgard
Mundo de los seres humanos.

Muspelheim
Mundo del fuego y la destrucción.

Nidavellir
Mundo subterráneo habitado por los elfos oscuros.

Niflheim
Mundo del hielo y la oscuridad y hogar del dragón Nidhöggr.

Helheim
Mundo de los muertos.

UNOS DIOSES MUY GAMBERROS

Los mitos nórdicos están cargados de personajes increíbles. Entre ellos podemos encontrar dioses, gigantes, elfos y hasta dragones y animales mágicos.

Algunos de estos seres son muy valientes, fuertes y bondadosos, y otros, más astutos y gamberros.

Aquí encontrarás algunos de los principales protagonistas de la mitología nórdica.

¡Vamos a conocerlos!

Odín

Es considerado el **padre** de todos los dioses y líder de los Aesir. Destaca por su incansable **sed de sabiduría,** la que lo llevó incluso a perder un ojo. Como líder que es, ocupa el trono desde el que puede contemplar los nueve mundos y combatir a todo aquel que haga peligrar el equilibrio del universo.

Su inseparable lanza, llamada **Gungnir,**

¡siempre acierta en el blanco!

Munin

Hugin

Geri

Freki

Thor

Hijo de Odín, es uno de los mayores ídolos de los vikingos, ya que representa al más **fiero** y **valiente** de todos los guerreros, pero también es bondadoso y reservado. Como ves, son cualidades dignas de admirar por un buen guerrero vikingo.

Su gran arma es un martillo, de nombre **Mjölnir,** que posee una fuerza descomunal y que siempre da en el blanco.

Además, ¡siempre vuelve a él!

Heimdal

Es otro de los hijos de Odín y dios **guardián del Bifröst,** el puente de arcoíris que une Asgard con Midgard. Su mayor don es su fino oído, que le permite escuchar la llegada del enemigo a decenas de quilómetros.

Se dice que, cuando llegue el Ragnarök, Heimdal hará sonar su gran cuerno para avisar a todos los dioses.

EL FIN DEL MUNDO

Los vikingos creían en una profecía llamada **Ragnarök** que narraba el destino final del universo.

Según esta profecía, los Aesir, liderados por Odín, se enfrentarán a los gigantes en una **gran batalla final** que terminará con el universo en llamas y, como consecuencia, la muerte de todo ser viviente.

A pesar de este terrible final, para los guerreros vikingos el Ragnarök era muy importante. Se creía que Odín escogería para la batalla final a los guerreros más fuertes y valientes muertos en combate que aguardaban en el Valhalla. Este destino heroico era la principal motivación de los vikingos en la batalla.

¡Todos soñaban con participar en el Ragnarök!

Frey

Hermano de Freya, Frey es otro de los dioses más queridos por los vikingos, ya que representa la **salud,** la **fertilidad** de la tierra y la **riqueza.**

Además, ¡con él llegan el sol y el buen tiempo!

Loki

Es el más travieso de todos los seres mitológicos. Mientras Thor se ocupa de mantener el orden, Loki se divierte **provocando enredos** allá por donde pasa. Su apariencia atractiva y su encantadora manera de hablar le son de gran ayuda para engañar a los demás y crear verdaderos desastres.

Y si con eso no es suficiente, siempre puede echar mano de su don para transformarse en otros seres.

¡Loki es todo un gamberro!

Freya

Es la diosa de la **fertilidad,** el **amor** y la **belleza,** por lo que los vikingos la invocaban para tener suerte en el amor. A pesar de este halo de felicidad que la envuelve, Freya también está vinculada a la guerra y a la muerte. Se dice que, junto con Odín, es la encargada de recibir a la mitad de los caídos en combate en su palacio, llamado **Fólkvangr.**

LA VIDA EN EL POBLADO

Cuando no estaban surcando los mares en busca de riquezas y nuevos dominios, los vikingos vivían pacíficamente en sus poblados.

La vida en los poblados era sencilla y tranquila y estaba centrada en producir todo lo necesario para subsistir. De este modo, los habitantes del poblado se ocupaban de cultivar sus huertos, cuidar del ganado, pescar o fabricar la ropa, entre muchas otras cosas.

¡Conozcamos sus labores más comunes!

El huerto

Las verduras y cereales eran imprescindibles en la dieta vikinga. Por ello, todas las familias tenían su propio huerto, en el que **cultivaban cereales** para hacer pan, **coles y otras verduras** de temporada.

La granja

Cuidaban todo tipo de animales de granja, como cabras, ovejas, vacas y cerdos, de los que **obtenían carne, leche, lana y pieles** para sus ropas.

La ropa

Los vikingos **confeccionaban su propia ropa.** Solían hacerla con lana, lino y pieles animales. Con ayuda de enormes telares convertían la lana de las ovejas en tejidos calentitos que luego teñían de colores.

¡A jugar!

Los niños ayudaban con las tareas domésticas, aunque también tenían tiempo para jugar. Entre sus pasatiempos favoritos estaba el de jugar a ser **guerreros vikingos,** haciendo que luchaban con espadas y escudos de madera.

¡A por leña!

La madera era una de las principales materias primas. Con ella fabricaban las **casas, los muebles y utensilios de cocina** y hasta sus famosos **barcos.** Además, ¡era imprescindible para hacer fuego!

Herreros y armeros

Eran muy importantes, ya que de ellos dependía la **producción de armas** y protección para las futuras batallas. Además, también fabricaban todo tipo de utensilios para la vida diaria.

¿Dónde vivían los vikingos?

La familia vivía en la **casa comunal** o *langhús* junto con los animales. Esta casa solía estar hecha de madera o adobe y el tejado se cubría con paja y, algunas veces, también con madera.

La estancia principal se situaba en el centro de la casa y allí los vikingos **mantenían encendido el fuego.** Este fuego era muy importante pues, además de mantener la casa calentita, iluminaba la estancia, ya que esta **no tenía ventanas.**

JUEGOS PARA PASAR EL RATO

Cuando no estaban trabajando la tierra, tejiendo o navegando, a los vikingos les encantaba pasar el rato jugando y practicando deportes.

Algunos de sus juegos eran tranquilos y otros consistían en desafíos y peleas más activas. Incluso crearon la manera de poder entretenerse durante el invierno, cuando la nieve lo cubría todo.

Estos eran algunos de sus pasatiempos favoritos:

El más fuerte

Además de destreza y velocidad, también competían para ver quién era el **más fuerte** levantando pesas.

Usaban piedras como pesas.

¡A correr!

A los vikingos les encantaba competir, y no solo en fuerza, también en velocidad. Hacían **carreras** para ver quién era el más rápido.

La lucha

Competían con las armas, pero también los vikingos practicaban un tipo de lucha llamado **glima** en el que dos personas luchaban cuerpo a cuerpo con el objetivo de tirar al suelo al contrincante.

¡El que caía primero perdía!

Juegos de mesa

Eran perfectos para entretenerse tanto en el exterior como dentro de la casa cuando hacía mal tiempo. Su favorito era el **hnefatafl,** un juego de guerra para dos personas: el defensor y el atacante. El objetivo era que el atacante capturase al rey del defensor.

Diversión en la nieve

Durante el invierno, los vikingos se entretenían **esquiando** o **patinando** sobre hielo gracias a los esquís y patines que ellos mismos fabricaban.

¡Eran muy ingeniosos!

Tiro con arco

Los vikingos eran grandes **maestros del arco.** Además de emplearlo en el campo de batalla, se divertían compitiendo para ver quién tenía más puntería.

Así, además de divertirse, ¡entrenaban!

PEQUEÑOS VIKINGOS

Desde muy pequeños a los niños se les inculcaba el valor del coraje, la fuerza, la valentía y la lealtad, grandes cualidades en un vikingo adulto.

Convertirse en guerrero era el gran sueño de todo niño vikingo. Esto hacía que muchos de sus juegos girasen en torno a los viajes, peleas y aventuras que sus héroes (sus mayores) vivían alrededor del mundo.

La mayoría de los juguetes solían ser muy sencillos y estaban tallados en madera, aunque los niños de las familias más poderosas podían tener alguno de bronce.

¡Estos eran los juguetes preferidos de los pequeños vikingos!

Espadas y escudos

Arcos y flechas

Peonzas

Muñecos y caballos

LOS VIKINGOS, GRANDES COMERCIANTES

Los vikingos no solo eran saqueadores del mar, lo que conocemos como piratas, sino que también eran muy buenos comerciantes.

Uno de sus objetivos cuando navegaban era establecer nuevas rutas marítimas para poder comprar y vender productos. Esto los llevó a formar poblados en las riberas de los ríos, en donde pasaban algunas temporadas, sobre todo cuando hacía mucho frío.

Los vikingos comerciaban tanto con productos básicos, como alimentos o metales, como con objetos de lujo, como el ámbar o la seda.

¿Quieres descubrir qué cosas vendían los vikingos?

Cuero y pieles

Eran muy apreciados en la fabricación de ropa y calzado, y las de los vikingos eran de primera calidad.

Alimentos

Vendían carne y pescado curados y su famosa hidromiel, la cerveza vikinga.

¡Una verdadera delicia!

Miel

Los vikingos eran grandes expertos en la producción de miel y la vendían como un producto de lujo.

Madera

La madera era muy abundante en los bosques escandinavos, por lo que los vikingos eran grandes exportadores de este material.

Armas y herramientas

Los nórdicos eran grandes herreros, y sus armas y escudos para la guerra eran muy apreciados.

Telas

Las mujeres vikingas tenían un gran dominio del telar. Sus tejidos de lana para fabricar prendas eran muy valorados.

¿QUÉ COMPRABAN LOS VIKINGOS?

Además de vender sus productos, los vikingos llevaban a Escandinavia valiosos bienes que escaseaban en su país y que luego podían vender entre la población.

¡Estos vikingos eran muy astutos!

Vino

Los vikingos no trabajaban la vid, por lo que tampoco podían producir vino, una bebida que les encantaba.

Especias

Las especias provenientes de Oriente eran un verdadero tesoro.

Fruta y frutos secos

Importaban frutas y verduras que se producían en zonas más cálidas y que era imposible cultivar en el norte.

Oro y plata

Los vikingos intercambiaban sus productos por estos metales preciosos, que luego fundían para fabricar bonitas joyas.

LOS VIKINGOS MÁS FAMOSOS DE LA HISTORIA

Algunas de las hazañas vikingas fueron tan increíbles que sus historias han llegado hasta nuestros días a través de las llamadas «sagas».

Estas sagas eran historias que combinaban hechos históricos y leyendas para dar lugar a grandes relatos en los que sus protagonistas, increíbles guerreros vikingos, realizaban las más grandes hazañas, tanto en el campo de batalla como en la conquista de nuevas tierras.

Estos son algunos de los vikingos más famosos de todos los tiempos:

Ragnar Lodbrok

Es quizá uno de los vikingos más famosos de todos los tiempos, aunque la mayor parte de su historia se acerca más a la leyenda que a la realidad. De hecho, su fama llegó a ser tan grande que incluso se le llegó a emparentar con el dios Odín. Es conocido por su alma de **conquistador incansable,** que le llevó a saquear tierras francesas y bretonas y a liderar la nación vikinga en el siglo IX.

Cuervo-Flóki

Hrafna-Flóki Vilgerðarson

Fue un famoso **explorador** y uno de los más grandes **maestros de la navegación** vikinga. Dicen las historias que, cansado de las cálidas temperaturas de las nuevas conquistas nórdicas, Flóki se embarcó hacia tierras más frías y llegó a **colonizar Islandia.**

¡Algunos vikingos preferían el frío!

Lagertha

Fue la primera esposa de Ragnar Lodbrok. Como ocurre con su marido, no sabemos si existió realmente. Sin embargo, se cuenta que fue una **gran guerrera** con un don innato para la lucha y que llegó a gobernar sin él. Su gran historia animó a otras mujeres a unirse a la aventura vikinga.

Erik el Rojo

Erik Thorvaldsson

Aunque de origen noruego, Erik vivió en Islandia, en donde creció escuchando las historias de lejanas islas inexploradas. Su espíritu aventurero lo llevó a surcar los mares en busca de nuevos territorios. Así consiguió **colonizar Groenlandia,** a la que puso por nombre GRÓNLAND ('país verde').

Freydís Eiríksdóttir

Hija de Erik el Rojo, Freydís fue una gran guerrera conocida por su **fuerza y perseverancia,** que le llevaron a participar en la exploración de Norteamérica durante el siglo XI, casi 500 años antes de que Colón llegase a América.

¡Toda una proeza vikinga!

Rollón el Caminante

Hrolf Ganger

A diferencia de otros vikingos, Rollón no solo aspiraba a hacerse muy rico, sino que también anhelaba conquistar nuevas tierras. Tal fue su perseverancia que llegó a convertirse en **duque de Normandía.**

Aunque puede que sus dos metros de altura y 140 kg de peso le ayudaran a atemorizar a sus rivales...

Leif Eriksson

Fue el segundo hijo de Erik el Rojo. Cuentan las leyendas que Leif fue el **primer europeo en pisar tierras americanas.** Se dice también que fue el fundador del primer asentamiento nórdico en el norte de América, al que llamó **Vinland.** Aunque no se sabe con exactitud el lugar de dicho asentamiento, restos arqueológicos lo sitúan en la isla de Terranova.

GRANDES HAZAÑAS VIKINGAS

El ansia de fama y riqueza llevó a los guerreros vikingos a enfrentarse a todo tipo de adversidades con el propósito de lograr su objetivo.

Se dice que los vikingos eran incansables y que luchaban con gran coraje y tesón sin importarles las consecuencias. Esta fuerza los animó a embarcarse en todo tipo de aventuras y a luchar por ellas hasta el final.

¡Vamos a descubrir algunas de las hazañas vikingas más impresionantes!

¡A la conquista de Groenlandia!

En el año 982, el vikingo Erik el Rojo fue obligado a exiliarse de Islandia durante tres años como castigo por un crimen. Deseoso de aventuras, emprendió un viaje hacia la isla de Groenlandia, un territorio que los vikingos ya sabían que existía, pero que permanecía inexplorado.

Allí, a pesar de las bajas temperaturas, Erik encontró zonas verdes en las que poder cultivar y vivir, por lo que, pasado su castigo, volvió a Islandia y convenció a 500 personas para que se mudasen a Groenlandia con él.

Aunque solo llegaron la mitad...

¡... su expedición fue todo un éxito!

Cruzar el Atlántico

Como grandes navegantes que eran, los vikingos no se detuvieron en el océano Atlántico y decidieron ir más allá. Así comenzó una gran expedición encabezada por Leif Eriksson, hijo de Erik el Rojo, hacia unas tierras del oeste a las cuales aún no habían llegado.

Gracias a sus dotes como navegantes, consiguieron atravesar el océano y llegar hasta la isla canadiense de Terranova, en la que se asentaron durante un tiempo.

¡Los vikingos llegaron a América 500 años antes que Colón!

El saqueo del monasterio de Lindisfarne

El asalto en el siglo VIII a este monasterio en el norte de Inglaterra fue el primer ataque de los vikingos fuera de sus tierras, aunque no sería el último. Los monasterios eran grandes objetivos, ya que estaban llenos de riquezas y la protección que los monjes podían brindarles era escasa.

¡Fue un ataque de lo más sencillo para los vikingos!

Jórvik, el reino vikingo de York

En el año 865, Ivar el Deshuesado marchó hacia la conquista de tierras británicas liderando el Gran Ejército Pagano. Se adentraron fácilmente por el este y, tras pasar un tiempo en la zona, siguieron a pie hasta la ciudad de York, que tomaron y renombraron como Jórvik.

¡Los ingleses no pudieron detenerlos!

El gran ataque a París

En el año 845, un gran ejército vikingo con Ragnar a la cabeza llegó a París a través del río Sena. Ya en la ciudad, los nórdicos derrotaron al ejército francés y extendieron el terror entre los ciudadanos que, asustados, huyeron de sus casas.

Así, los vikingos pudieron saquear con total tranquilidad la ciudad y, cuando terminaron, pidieron un enorme rescate a cambio de abandonar París.

Por supuesto, ¡el rey francés cedió!

Islandia, hielo y fuego

Los vikingos llegaron a Islandia por casualidad, cuando sus barcos se desviaron de la ruta original.

La historia de una tierra de hielo y fuego llegó a oídos de Cuervo Flóki, quien lideró una expedición hacia la isla. Cuenta la leyenda que Flóki liberó a sus tres cuervos y uno de ellos voló hacia Islandia, indicándole el camino.

¡De ahí su original nombre!

EL BARCO VIKINGO

Los vikingos fueron grandes navegantes. A lo largo de los años fueron perfeccionando el arte de la construcción de navíos, lo que les permitió cruzar océanos y atravesar ríos cuando la mayoría de los pueblos aún no podían ni soñar con ello.

Los vikingos eran unos exploradores incansables. Para poder llevar a cabo estas expediciones necesitaban barcos ágiles y resistentes, que les permitieran tomar por sorpresa a los pueblos a los que asaltaban, entrar por los ríos a las ciudades e incluso cargar el barco por tierra cuando era necesario.

Los vikingos construían principalmente dos tipos de barcos: los barcos mercantes o **knarr,** más pequeños y anchos, y los barcos de guerra o **drakkar,** más largos y estrechos.

¡Vamos a adentrarnos en un drakkar!

Bandera

El estandarte del cuervo representaba al dios de la guerra Odín, a quien invocaban para que los acompañase en la batalla.

Vela

Tela rectangular empleada para viajar cuando el viento era favorable.

Popa

Parte trasera del barco. Solía terminar con la cola de un dragón tallada en madera.

Baúles

Los vikingos guardaban en ellos la comida y objetos personales. Además, ¡servían de asientos para los remeros!

Cubierta

Superficie de madera que va de proa a popa, cubriendo el casco del barco.

Timón

Colocado en la popa, el timón permitía dirigir la dirección del navío.

Quilla

Columna vertebral del barco que va de proa a popa. Se obtenía de un solo tronco.

Cuervos

Los usaban para orientarse en el mar y saber si se estaban aproximando a la costa.

Mástil

Palo vertical situado en el centro del barco y sobre el que se coloca la vela.

Proa

Parte delantera del barco. Normalmente estaba decorada con una cabeza de dragón u otro animal mitológico.

Casco

Estructura exterior que recubre el barco. Estaba hecha de tablones de madera superpuestos.

Escudos

Iban colocados por fuera de la nave.

Remos

Colocados a ambos lados del casco, los remos eran imprescindibles para la propulsión del barco. Además, los utilizaban para moverse por los ríos.

LA VIDA A BORDO DEL DRAKKAR

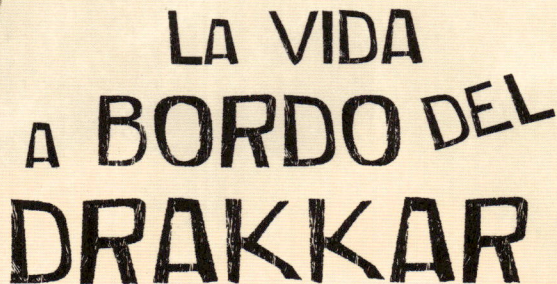

Los vikingos tenían que pasar mucho tiempo a bordo del barco, por lo que era muy importante que cada uno cumpliese su función, además de mantener y conservar un espíritu pacífico.

Durante las travesías, el espacio a bordo del *drakkar* era bastante limitado, por lo que los vikingos no podían hacer gran cosa mientras duraba el trayecto.

Aun así, siempre había labores que llevar a cabo, limpieza, aseo..., así como entretenimientos con los que pasar el rato.

¡Conozcamos algunas de sus actividades diarias!

A remar

El remo era el principal **sistema de propulsión** del barco, ya que la vela era muy rudimentaria y solo funcionaba con el viento a favor. Por ello, los marineros tenían que manejarlo remando.

¡Protejamos el barco!

La tripulación se dividía en remeros y guerreros. Los **guerreros** se encargaban de los ataques y de defender el barco en caso de encontrarse con el enemigo.

¡Siempre preparados para el combate!

Hora de dormir

Cuando llegaba la noche, los vikingos **se acostaban en la cubierta** y se abrigaban con mantas de lana y pieles de animales.

Cantos y cuentos

Para pasar el rato mientras remaban o esperaban que el viento los llevase, los vikingos **cantaban canciones** tradicionales y **contaban historias** sobre sus dioses.

¡Así el viaje era más entretenido!

¡Fuera agua!

Durante el día, la principal tarea consistía en **achicar el agua** que podía haberse colado en el barco durante la noche.

LA DIETA VIKINGA

Los vikingos solían navegar bordeando la costa, lo cual les permitía parar en los puertos para conseguir provisiones.

Con el tiempo consiguieron establecer una red de puertos por las rutas marítimas más transitadas. De este modo se aseguraban el poder parar a obtener comida cuando era necesario.

A pesar de ello, en la era vikinga aún no existían las neveras, por lo que había muchos alimentos que no podían conservarse durante varios días a bordo del barco, lo cual limitaba un poco su dieta.

¡Descubramos qué comían los vikingos durante sus travesías!

Carne curada

Curaban la carne **ahumándola, salándola o secándola.** De este modo se conservaba durante mucho más tiempo.

Pescado

Al igual que la carne, lo consumían **curado** para que no se estropease durante el viaje. ¿Te imaginas el olor del pescado fresco pasados un par de días?

¡Puag!

Productos lácteos

Consumían **leche agria** y *skyr,* una especie de yogur espeso y agrio que podía conservarse durante mucho tiempo.

Pan

Comían unas **tortas de pan** sin leudar hechas de harina de cebada, centeno o legumbres. Eran muy duras, pero se conservaban durante mucho tiempo.

¿Y para beber?

Bebían **agua** e **hidromiel,** una especie de cerveza vikinga hecha con agua y miel fermentadas.

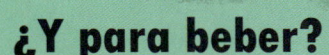

¡HORA DEL ATAQUE!

Una vez escogido el objetivo, los vikingos atacaban sin contemplaciones y lo daban todo en el campo de batalla.

Para los guerreros del norte, morir en la batalla era el máximo honor, ya que así se aseguraban su entrada en el **Valhalla,** el gran salón en el que se divertían hasta la llegada del **Ragnaröng,** la gran batalla del final del mundo. Esta motivación los hacía terriblemente feroces en la lucha.

¡Conozcamos los secretos del ataque vikingo!

Un ataque relámpago

Los vikingos se organizaban en pequeños grupos de guerreros y **atacaban por sorpresa** tanto zonas de costa como de río gracias a sus barcos ligeros y manejables. Este ataque relámpago solía pillar desprevenidos a los habitantes de esas poblaciones, que no estaban preparados para el combate.

¡De este modo, la victoria estaba asegurada!

Jugar al despiste

En caso de encontrarse con un ejército enemigo, una vez desembarcados, los vikingos comenzaban a **lanzar todo tipo de proyectiles** desde la lejanía para así desorganizar la formación del adversario. De este modo era mucho más fácil adentrarse entre el bando enemigo.

La lucha cuerpo a cuerpo

Los vikingos no se movían a caballo como otros guerreros de la época, sino que luchaban cuerpo a cuerpo con la única protección de los **cascos y escudos.** Algunos podían llevar una malla metálica protectora, pero no era lo habitual. Aun así, se **movían en grupo** y se protegían los unos a los otros.

Eran como una gran familia.

Algunos trucos vikingos

Los vikingos tenían sus propias estrategias de combate y empleaban algunos trucos muy curiosos para salir victoriosos.

¡Vamos a conocerlos!

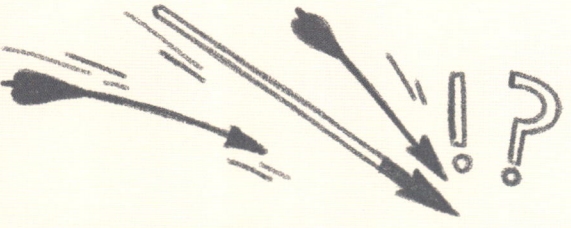

El **ataque sorpresa** era su arma más poderosa, sobre todo en las zonas de costa poco pobladas.

Su **aspecto feroz,** con barbas grandes y tupidas y pieles de animales, sembraba el terror incluso antes del ataque.

Hacían una **muralla de escudos,** que consistía en agruparse todos juntos y crear una gran barrera con ellos que impedía la entrada de armas enemigas.

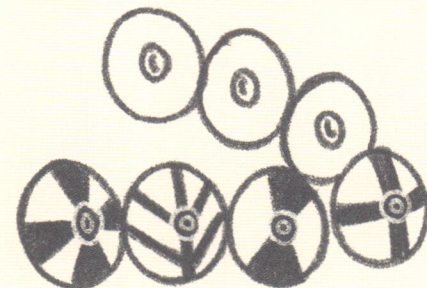

Para poder avanzar, el grupo se colocaba formando una **punta de flecha** con los escudos. De este modo era mucho más fácil avanzar entre el enemigo.

UN GRAN BOTÍN

El principal objetivo de los saqueos vikingos era hacerse con todos los objetos de valor que pudiesen. ¡Incluso se llevaban a personas para luego venderlas como esclavas!

Conozcamos el contenido de un buen botín vikingo:

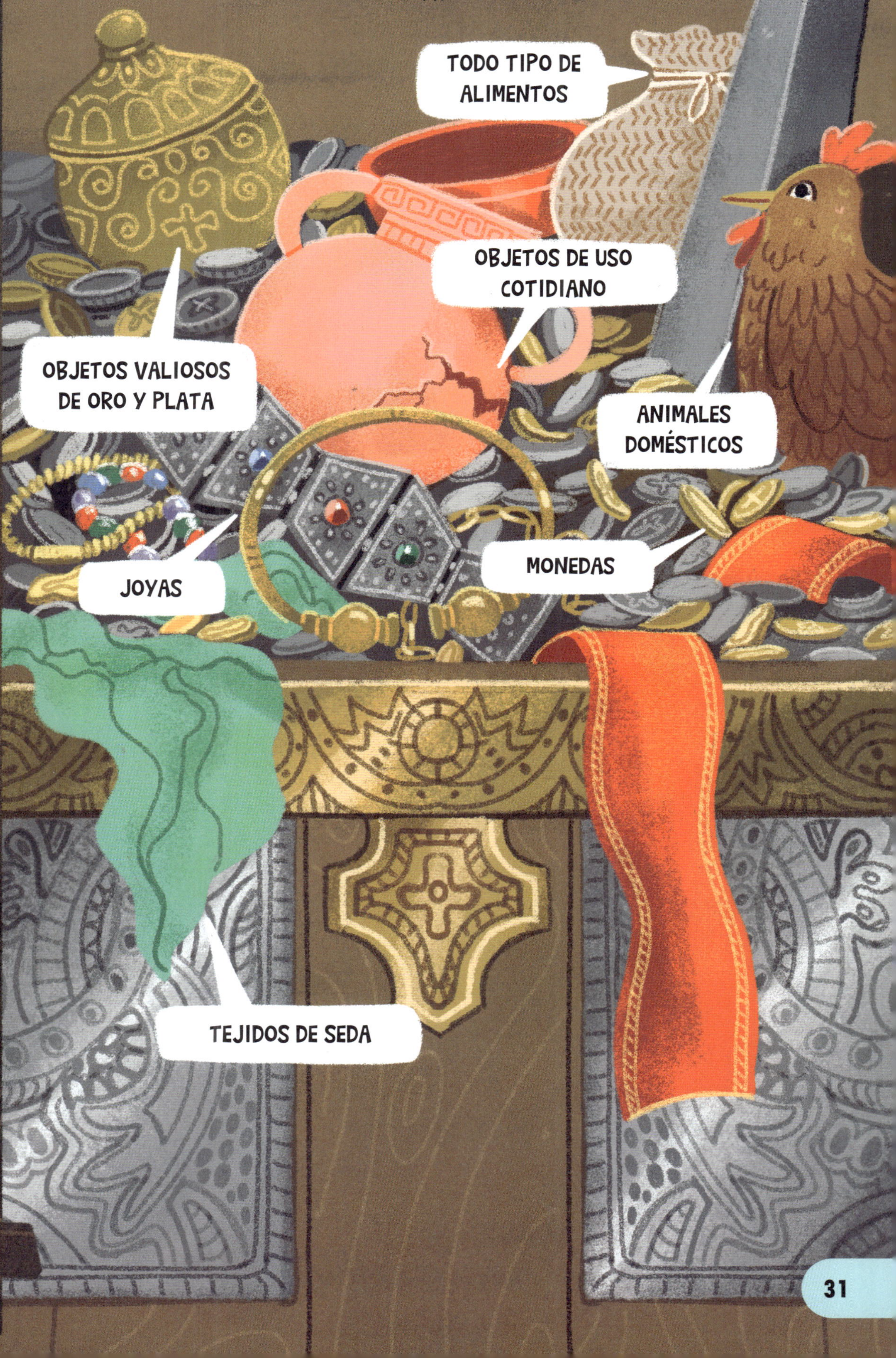

TODO TIPO DE ALIMENTOS

OBJETOS DE USO COTIDIANO

OBJETOS VALIOSOS DE ORO Y PLATA

ANIMALES DOMÉSTICOS

JOYAS

MONEDAS

TEJIDOS DE SEDA

EL ARTE DE LA LUCHA

Los guerreros vikingos eran expertos en la lucha cuerpo a cuerpo. Desde muy pequeños recibían un intenso adiestramiento, lo que los convertía en expertos luchadores.

Los vikingos manejaban una amplia variedad de armas, aunque sus favoritas eran las hachas y las espadas. Además, poseían un equipo de defensa que, si bien era muy sencillo, les ayudaba a protegerse del ataque enemigo.

¿Quieres conocer el equipamiento de los vikingos en el campo de batalla?

¡Pues vamos allá!

Espada de doble filo

Era su **arma más preciada** y solía tener una empuñadura bellamente decorada. Algunas incluso pasaban de padres a hijos.

Lanza

Fabricada en **madera** y con una **punta metálica,** la lanza se empleaba tanto para desorganizar la formación del oponente desde la lejanía como en las batallas cuerpo a cuerpo.

La espada era una reliquia familiar.

Arco y flechas

Los vikingos eran **grandes arqueros.** Utilizaban arcos fabricados con fresno y olmo y flechas con punta metálica que podían lanzar a una distancia de hasta 200 metros y...

¡... acertar en su objetivo!

Cota de malla

Solo los guerreros más poderosos podían permitírsela, ya que su fabricación, con cientos de anillos metálicos, era muy compleja. La malla **protegía al guerrero** de los cortes.

Hacha

Era el arma por excelencia del guerrero vikingo, ya que resultaba más fácil de fabricar que la espada. Tenía un **mango de madera** y un **filo metálico** ricamente decorado.

Casco

Estaba fabricado con **metal** o **piel** y podía tener protección para los ojos y la nariz. ¡Lo que no tenían los cascos vikingos era cuernos!

Escudo

Era redondo y estaba fabricado en **madera** con una pequeña cazoleta metálica en el centro para proteger la mano del guerrero. Además, estaban **decorados con colores**.

PERO... ¿QUÉ PASA CON LOS CUERNOS?

El cine y la literatura nos han hecho creer que los cascos de los vikingos estaban decorados con grandes cuernos de animal, lo que les proporcionaba un aspecto aún más terrorífico.

Sin embargo, nunca los llevaron pues, además de no ser nada prácticos, podían resultar peligrosos, ya que sería muy fácil agarrarlos en combate.

¿Te imaginas lo fácil que sería arrancarles el casco agarrándolo de uno de los cuernos?

¡Mejor sin cuernos!

Y AHORA...

¡CONVIÉRTETE EN VIKINGO!

Ahora que ya lo conoces todo sobre la historia de los vikingos, llegó el momento de que te conviertas en uno de ellos.

Para poder ser un auténtico vikingo te hará falta una vestimenta adecuada, pero no te preocupes, porque en estas páginas encontrarás todo lo que necesitas.

Lo primero que debes tener en cuenta es que en las tierras del norte hace mucho frío, por lo que te vendrá bien ropa calentita. También debes saber que hace mil años no existían materiales sintéticos como ocurre hoy en día, por lo que todas las prendas estaban hechas con lana, seda y pieles de animales.

¡Los vikingos eran expertos confeccionando ropa!

¿Y las joyas?

Los vikingos eran muy buenos fabricando joyas y tenían una **gran variedad** de ellas. Llevaban anillos, collares, brazaletes y broches hechos de diferentes metales.

Cinturones y correas

Servían para **ajustar la ropa** y **sujetar las armas.** Se fabricaban con cuero y hebillas metálicas de hierro, bronce e incluso oro.

Capa

Era imprescindible para **mantenerse caliente** y resguardarse de la lluvia. Además, resultaba perfecta para guardar las armas.

Broches

Fabricados en diferentes metales, **sujetaban la capa** a la ropa.

Túnica

Solía ser de manga larga en invierno y corta en verano y llegaba hasta la rodilla. Podían ser de **muchos colores** y solían estar decoradas.

Pantalones

Eran muy **sencillos,** sin botones ni decoraciones excesivas y fabricados en lana o lino.

Envolturas

Para mantener las **piernas calientes** empleaban unas tiras de tela que enroscaban desde los tobillos hasta debajo de las rodillas.

Trenzas

Se trenzaban el pelo para mantenerlo recogido.

Vestido exterior

Se empleaba a modo de **delantal,** con unos tirantes sujetos por hebillas metálicas, entre las que colgaban cuentas de colores.

Vestido interior

Solía ser muy **sencillo,** confeccionado en lana y largo hasta los tobillos.

Capa

La empleaban durante los meses más fríos para **mantenerse abrigadas.** Era larga hasta los tobillos y se sujetaba con un broche.

Botas y zapatos

Eran de cuero y solían cerrarse con **botones o cordones** que enroscaban alrededor de la pierna.

¡A TODO COLOR!

Los vikingos vestían **ropas muy coloridas** gracias a los **tintes naturales** que empleaban para teñir las telas, algunos de ellos muy difíciles de conseguir.

El color de la ropa era muy importante, ya que indicaba el estatus de la persona que la llevaba. Cuanto más rico era un vikingo, más dinero se podía gastar en su vestuario y, por supuesto, las prendas más caras eran aquellas de colores difíciles de obtener.

Así conseguían los vikingos algunos de los pigmentos para teñir sus telas.

Azul

Se obtiene de las hojas azules de una planta llamada **woad,** muy abundante en toda Escandinavia.

Rojo

Se obtiene de las raíces de la **rubia de tintorero,** una planta que no existía en Escandinavia, por lo que es muy probable que la importaran del extranjero.

Amarillo

Se puede obtener de diferentes plantas, como el **tanaceto** o el **brezo,** algunas de ellas muy abundantes en Escandinavia.

Verde

Se obtiene de la **centaurea,** una planta silvestre que crece en toda Escandinavia durante los meses de verano. Como te podrás imaginar, no era un color muy exclusivo.

LAS CUALIDADES DE UN BUEN VIKINGO

La vida vikinga estaba llena de aventuras, pero también de riesgos y grandes peligros, por lo que no todo el mundo servía para embarcarse en las grandes exploraciones.

Si tú también sueñas con convertirte en un gran vikingo, hay algunas cualidades imprescindibles que necesitarás cultivar.

¡Estas son las cualidades que todo buen vikingo debe tener!

Honestidad

Para un vikingo, la honestidad está por encima de todo. Por ello, el vikingo siempre dice la verdad, aunque esta tenga consecuencias negativas.

¡La verdad ante todo!

Espíritu aventurero

Los vikingos estaban hechos para la aventura, por lo que un espíritu intrépido y las ganas de descubrir lo que te deparará el futuro sin miedo alguno te serán de gran utilidad.

Valentía

Los vikingos soñaban con la gloria y la fama, pero para ello era imprescindible enfrentarse a cualquier peligro con valentía. Necesitarás un coraje implacable que te ayude en los momentos más terribles, ¡incluso para desafiar a la muerte!

Hospitalidad

A diferencia de lo que se suele creer, los escandinavos eran muy hospitalarios con los forasteros. Sus creencias afirmaban que los dioses podrían visitarles adoptando forma humana.

¡Nunca sabes a quien te puedes encontrar!

Perseverancia

Un buen vikingo no se rendía ante la adversidad, sino que luchaba con todas sus fuerzas hasta lograr su objetivo. Si tú también quieres ser un auténtico vikingo, no te desalientes a la primera.

¡Mejor vuelve a intentarlo!

Los esclavos no eran considerados ciudadanos y, por lo tanto, no gozaban de estos privilegios.

Fidelidad

Para los vikingos era muy importante ser leales, tanto con su familia y amigos como con los dioses a los que adoraban.

Un buen vikingo es siempre fiel a los suyos.

LA LEY VIKINGA

Los vikingos no tenían unas leyes escritas, como ocurre hoy en día, pero sí seguían una serie de **normas** que se iban transmitiendo de generación en generación. Estas normas ayudaban a **mantener el orden** e indicaban tanto las cosas que estaban permitidas como las que no y, por supuesto, los castigos impuestos a todo el que no las cumpliera.

1 Todos **los ciudadanos eran iguales,** y por tanto recibían los mismos castigos ante la ley, incluso los reyes.

2 La esclavitud estaba permitida. No obstante, había leyes que protegían a los esclavos y existía un tiempo máximo de servidumbre establecido.

3 Respeto por los animales.
Tanto era así que había leyes que compensaban la pérdida de un animal.

4 Los delitos menores eran juzgados por la *Thing,* una asamblea en la que los miembros de la comunidad eran los jueces.

5 Los crímenes más severos eran juzgados por la *Lawthing,* un conjunto de jueces expertos que analizaban el delito e imponían el castigo siguiendo las leyes establecidas.

PREPÁRATE PARA LA GRAN AVENTURA

El espíritu aventurero y colonizador llevó a los vikingos hasta el norte de América unos 500 años antes que Cristóbal Colón.

Normalmente, los vikingos viajaban bordeando la costa, por lo que podían parar a obtener lo que necesitaran en los diferentes puertos. Sin embargo, cuando se trataba de trayectos mucho más largos, como el que los llevó al continente americano, necesitaban prepararse para sobrevivir muchos días en el barco.

Si tú también quieres embarcarte en esta gran aventura vikinga,

prepara el equipaje porque... ¡izarpamos!

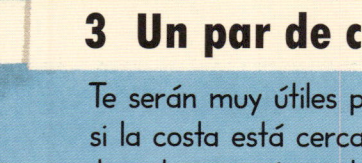

1 La tripulación

Para esta travesía, necesitarás un gran equipo de marineros. Los vikingos solían viajar con familiares y amigos.

¡Sigue su ejemplo y consigue a tu tripulación!

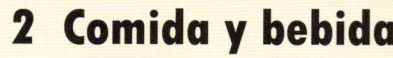

2 Comida y bebida

Tendrás que conseguir suficiente comida y bebida para alimentaros durante todo el trayecto.

¡No encontrarás tierra hasta llegar al destino!

3 Un par de cuervos

Te serán muy útiles para saber si la costa está cerca o si, por el contrario, aún no has llegado a tu destino.

TRUCOS VIKINGOS PARA ORIENTARTE EN EL MAR

Los vikingos desarrollaron una serie de estrategias y artilugios muy curiosos que les permitieron desplazarse por el mar sin desviarse de la ruta.

¡Conozcamos algunos de sus trucos!

Brújula solar

La empleaban para comprobar si seguían correctamente su curso y consistía en una base de madera sobre la que sobresalía un eje, también de madera. A mediodía, si **la sombra** que proyectaba el eje era mayor o menor que la del día anterior, se habían desviado.

¡Así podían corregir su ruta!

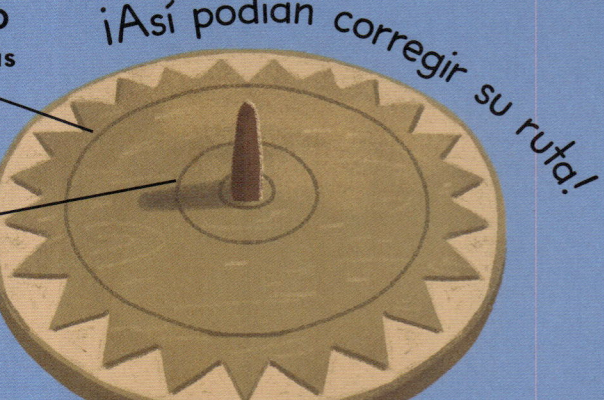

OTOÑO - INVIERNO
Las sombras son más largas.

PRIMAVERA - VERANO
Las sombras son más cortas.

4 Armas y escudos

Serán imprescindibles, tanto si tu objetivo es atacar a otro pueblo, como para defenderte en caso de encontrarte con el enemigo. Además, nunca se sabe con qué te puedes tropezar en tierras extranjeras.

¡Mejor ser precavidos!

6 Mantas y pieles

Debes saber que las noches en el océano son terriblemente frías, y tendrás que dormir a la intemperie.

¡Consigue una buena manta de pelo!

5 Un buen vestuario

Recuerda que no podrás cambiarte de ropa durante todo el viaje, así que elige algo cómodo y calentito.

¡En el norte hace mucho frío!

La piedra del Sol

Este mineral translúcido, llamado **espato de Islandia,** permitía a los vikingos determinar la posición exacta del Sol cuando el cielo estaba cubierto, algo muy habitual en el norte.

Un cuervo

Los vikingos **soltaban un cuervo** para saber si estaban cerca de la costa. Si este volvía al barco quería decir que no había tierra cerca, pero si no lo hacía, seguían su trayectoria.

El cuervo les indicaba la ruta hacia tierra.

El vegvisir

También llamado brújula vikinga, el *vegvisir* era más un **amuleto** que un artilugio de navegación. Según su tradición, servía para encontrar el camino cuando uno se perdía gracias a la intercesión de los dioses.

¡MANOS A LA OBRA, VIKINGO!

TRUCO VIKINGO

Para dibujar un círculo perfecto, ata una cuerda a un lápiz. Luego elige la longitud que desees y presiona el extremo de la cuerda en el centro del que será tu círculo. Sin mover la mano del centro, mueve el lápiz alrededor con la otra mano.

¡Así tendrás un círculo perfecto!

Si sueñas con ser un auténtico vikingo, necesitarás algunos complementos imprescindibles para salir en busca de tesoros y aventuras.

Pero no es necesario que viajes hasta Escandinavia para conseguirlos, porque aquí tienes todo lo necesario para hacerlos tú mismo.

Solo necesitas buscar algunos materiales, que seguro que encontrarás por casa, y tener muchas ganas de crear.

¡Ponte a trabajar porque el barco está a punto de zarpar!

ESCUDO VIKINGO

NECESITAS

Cartón · Pinturas acrílicas · Chinchetas (*)
Pincel · Cinta americana plateada · Pegamento

(*) Cuidado, no te pinches. Puedes pedir ayuda a un adulto.

1 Para empezar, dibuja y recorta dos círculos de cartón de unos 50 cm de diámetro. Recorta también un rectángulo de 5 x 20 cm.

2 Divide uno de los círculos en cuatro partes, como en el dibujo, y pégalo al otro con pegamento.

3 A continuación, pinta las porciones en colores vivos. Recuerda que a los vikingos les encantaba decorar sus escudos.

4 Luego pega cinta americana separando las porciones. Pega también cinta alrededor de los círculos. ¡Así quedará superreforzado!

5 ¡Llegó el turno de poner los clavos! Para ello, clava las chinchetas alrededor del escudo, sobre la cinta. Puedes poner algunas también en el centro.

6 Para terminar, pega el rectángulo de cartón en el centro de la parte posterior haciendo un pequeño arco. ¡Así podrás agarrar bien tu escudo!

HACHA VIKINGA

NECESITAS

Cartón · Lápiz · Papel de aluminio · Cuerda
Palo de madera · Pegamento (*)

(*) Asegúrate de que sirve para pegar todas las superficies.

1 Para empezar, dibuja en el cartón la silueta del hacha. Recórtala y haz otra igual. Puedes usar la primera como plantilla.

2 Ahora coloca el palo entre las dos siluetas, dejando que sobresalga un poco por arriba. Pega los dos cartones con el pegamento.

3 A continuación, recubre la cabeza del hacha con tiras de papel de aluminio. ¡Pégalas bien con el pegamento!

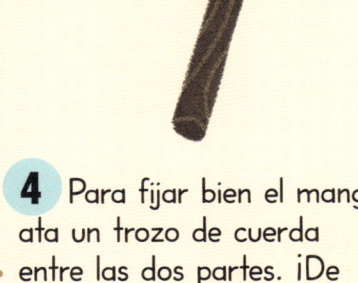

4 Para fijar bien el mango, ata un trozo de cuerda entre las dos partes. ¡De este modo no se moverá!

EL MARTILLO DE THOR

NECESITAS (*)

Caja de cereales · Cinta adhesiva · Pintura plateada
Lápiz · Tubo de papel · Cuerda · Pistola de silicona

(*) Bajo supervisión de un adulto.

1 Comienza creando la cabeza del martillo. Para ello, recorta la caja como se indica en el dibujo.

2 Dibuja el diámetro del tubo de papel en el centro de la solapa de la caja y recórtalo.

3 Introduce el tubo de papel y pégalo con cinta adhesiva, tanto por dentro como por fuera. Pega también la solapa al resto de la caja.

4 Pinta la cabeza del hacha con la pintura plateada. Termina decorando el mango con la cuerda y pégala con la silicona.

TRUCO VIKINGO
Añade algunos detalles con un rotulador negro para darle un aspecto aún más impresionante.

RELOJ SOLAR

Los vikingos se guiaban por el sol para saber su posición durante las largas travesías en barco. Pero, además de poder corregir el rumbo, el sol servía para saber en qué hora del día se encontraban.

Esto se debe a que la Tierra va rotando de oeste a este, haciendo que veamos el sol en diferente posición según van pasando las horas del día.

Con este reloj solar podrás saber qué hora es con la ayuda del sol.

NECESITAS

Plato de papel
Lápiz
Plastilina
Brújula
Reloj

TRUCO VIKINGO
No muevas de lugar el reloj mientras estés haciendo las mediciones.

1 Coloca el plato boca abajo y busca el centro.

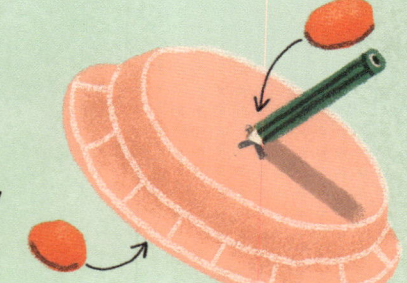

2 Clava un lápiz en el centro e inclínalo un poco. Luego sujétalo con un trozo de plastilina, por encima y por debajo del plato.

5 Para poder usarlo solo tienes que ponerlo al sol, orientarte hacia el norte y ver en dónde se proyecta la sombra.

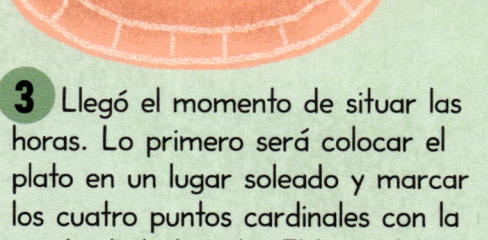

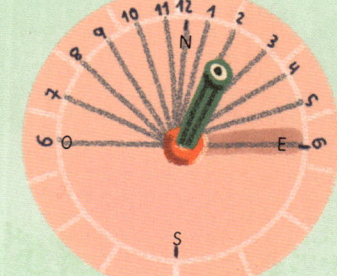

3 Llegó el momento de situar las horas. Lo primero será colocar el plato en un lugar soleado y marcar los cuatro puntos cardinales con la ayuda de la brújula. El lápiz debe apuntar al norte.

4 A continuación, coloca el plato apuntando al norte y ve haciendo una marca a cada hora en punto, desde el amanecer hasta el anochecer.

¡El número señalado indicará la hora solar!

SELLO VIKINGO

NECESITAS (*)

Tapa
Goma EVA
Pistola de silicona
Tijeras
Lápiz
Tinta

1 Empieza dibujando en la goma EVA la silueta de un cuervo volando.

3 Ahora solo tienes que mojar el sello en tinta y podrás estampar tu cuervo en todas tus posesiones vikingas.

¡Así todos sabrán que pertenecen a un auténtico vikingo!

2 A continuación, recórtala y pégala sobre la tapa con ayuda de la pistola de silicona.

(*) Bajo supervisión de un adulto.

CUERNO BOCINA

Aunque los cascos de los vikingos no llevaban cuernos, sí que los usaban para crear utensilios cotidianos, como vasos y bocinas.

NECESITAS (*)

Cartón · Pistola de silicona · Tijeras · Regla · Cola
Papel de cocina · Agua · Pincel · Pinturas acrílicas

(*) Bajo supervisión de un adulto.

1 Comienza dividiendo el cartón en franjas de 6 cm de ancho. Las longitudes irán variando desde los 25 cm la mas larga hasta los 10 cm la más pequeña.

2 Corta todas las tiras de cartón y haz cilindros con ellas. Pega los extremos con la silicona.

3 A continuación, introduce los cilindros uno dentro de otro, de mayor a menor, y pégalos con más silicona. Para crear la forma del cuerno se pueden girar un poco.

TRUCO VIKINGO
Aprieta el último cilindro con las manos para dar forma al extremo del cuerno, dejando una pequeña abertura.

4 En un bol, mezcla cola blanca y agua a partes iguales. Luego ve pegando tiras de papel de cocina hasta cubrir el cuerno entero. Deja secar toda la noche.

5 Para terminar, pinta el cuerno con pinturas acrílicas y añade los detalles que más te gusten. ¡Ya tienes lista tu bocina vikinga!

UN NOMBRE MUY VIKINGO

Los vikingos más famosos de la historia tenían nombres que hacían referencia a sus **grandes cualidades.** Si tú también quieres un auténtico nombre de guerrero vikingo, sigue estas indicaciones:

Tu nombre
+
tu apodo vikingo

Para conseguir tu apodo vikingo solo tienes que elegir el **día de tu cumpleaños.** Suma las cifras y obtén una sola cifra.

1	El / la temerario/a
2	El / la oso/a salvaje
3	El / la rojo/a
4	El / la furioso/a
5	El / la conquistador/a
6	El / la cuervo/a
7	El / la despiadado/a
8	El / la caminante
9	El / la temible
10	El / la oscuro/a

EL GRAN ASALTO VIKINGO

Ragnar y su séquito han iniciado una nueva aventura con el objetivo de asaltar y desvalijar la gran ciudad de París.

Han navegado bordeando la costa francesa y acaban de encontrar la desembocadura del Sena. Su plan es llegar a París ascendiendo por el río.

Busca a uno o varios compañeros y uníos a esta aventura vikinga para ver quién será capaz de llegar antes a la ciudad.

¿Quién conseguirá dominar la ciudad y hacerse con el botín?

REGLAMENTO VIKINGO

Para comenzar, cada jugador tirará el dado. Aquel que saque el número más alto será el primero en jugar.

● **Tesoro:** Los pequeños asaltos en los pueblos costeros han dado su fruto. Carga el botín en el barco y salta a la siguiente casilla Tesoro.

● **Emboscada:** Los lugareños se han enterado de vuestra llegada y os han atacado. Pierdes un turno mientras intentas deshacerte de ellos.

● **Asalto al poblado:** ¡Menuda suerte! Habéis llegado a un poblado lleno de delicias. Cárgalas todas en el barco y vuelve a tirar el dado.

24 Un estrechamiento del río te impide continuar. Tendrás que salir del río y cargar con el barco un buen trecho. Pierdes dos turnos.

8 26 Has encontrado un atajo. Sigue el pequeño río para avanzar más rápido.

35 ¡Qué mala suerte! Una gran corriente ha hecho que pierdas el control del barco y este ha quedado completamente destrozado. Tendrás que volver a la casilla de salida.

41 La travesía se está haciendo muy larga. Tendrás que cantar una canción para entreteneros mientras llegáis a la ciudad.

27
28
26
25
24
43
42
41
23
40
22
21
20